Uta Streit · Fritz Jansen

Mathe lernen 2 nach dem IntraActPlus-Konzept

Rechnen lernen in Klasse 2 – Heft 2: Zehner und Einer addieren bis 100 – auch für Förderschule und Dyskalkulie-Therapie

Uta Streit
IntraActPlus GbR
Neuried, Deutschland

Fritz Jansen
IntraActPlus GbR
Neuried, Deutschland

ISBN 978-3-662-68248-7

Die Deutsche Nationalbibliothek verzeichnet diese Publikation in der Deutschen Nationalbibliografie; detaillierte bibliografische Daten sind im Internet über ▶ http://dnb.d-nb.de abrufbar.

© Der/die Herausgeber bzw. der/die Autor(en), exklusiv lizenziert an Springer-Verlag GmbH, DE, ein Teil von Springer Nature 2024

Das Werk einschließlich aller seiner Teile ist urheberrechtlich geschützt. Jede Verwertung, die nicht ausdrücklich vom Urheberrechtsgesetz zugelassen ist, bedarf der vorherigen Zustimmung des Verlags. Das gilt insbesondere für Vervielfältigungen, Bearbeitungen, Mikroverfilmungen und die Einspeicherung und Verarbeitung in elektronischen Systemen.
Die Wiedergabe von allgemein beschreibenden Bezeichnungen, Marken, Unternehmensnamen etc. in diesem Werk bedeutet nicht, dass diese frei durch jedermann benutzt werden dürfen. Die Berechtigung zur Benutzung unterliegt, auch ohne gesonderten Hinweis hierzu, den Regeln des Markenrechts. Die Rechte des jeweiligen Zeicheninhabers sind zu beachten.
Der Verlag, die Autoren und die Herausgeber gehen davon aus, dass die Angaben und Informationen in diesem Werk zum Zeitpunkt der Veröffentlichung vollständig und korrekt sind. Weder der Verlag noch die Autoren oder die Herausgeber übernehmen, ausdrücklich oder implizit, Gewähr für den Inhalt des Werkes, etwaige Fehler oder Äußerungen. Der Verlag bleibt im Hinblick auf geografische Zuordnungen und Gebietsbezeichnungen in veröffentlichten Karten und Institutionsadressen neutral.

Einbandabbildung: © kaganskaya115 / Stock.adobe.com, © Svitlana / Stock.adobe.com, © Nanci / Stock.adobe.com
Gestaltung/Layout: Matthias Heid, Neuried

Planung/Lektorat: Joachim Coch
Springer ist ein Imprint der eingetragenen Gesellschaft Springer-Verlag GmbH, DE und ist ein Teil von Springer Nature.
Die Anschrift der Gesellschaft ist: Heidelberger Platz 3, 14197 Berlin, Germany

Das Papier dieses Produkts ist recyclebar.

Printed in Italy by Printer Trento S.r.l.

Hilfestellungen für das Üben

Seiten „Decke die graue Spalte ab und übe!"

Decke die graue Spalte ab und übe!		
3 + 2 =	5	
30 + 20 =	50	
5 + 2 =	7	
50 + 20 =	70	
4 + 2 =	6	
40 + 20 =	60	
6 + 2 =	8	
60 + 20 =	80	
7 + 2 =	9	
70 + 20 =	90	
8 + 2 =	10	
80 + 20 =	100	

20 + 20 =	40
30 + 20 =	50
50 + 20 =	70
40 + 20 =	60
60 + 20 =	80
50 + 20 =	70
70 + 20 =	90
80 + 20 =	100
60 + 20 =	80
80 + 20 =	100
70 + 20 =	90
80 + 20 =	100

Die graue Spalte mit den Ergebnissen wird mit einem Blatt Papier abgedeckt. Das Kind rechnet die erste Aufgabe. Dann wird das Abdeckblatt eine Zeile nach unten geschoben und geprüft, ob die Lösung stimmt. Nun wird die nächste Aufgabe gerechnet und geprüft usw. Eine Spalte mit Aufgaben wird so oft wiederholt, bis die Aufgaben mühelos und sicher gelöst werden.

Seiten „Falte – rechne – falte zurück – prüfe!"

Falte – rechne – falte zurück – prüfe!		
	Faltlinie	
50 + 50 = ____		100
30 + 20 = ____		50
10 + 50 = ____		60
70 + 30 = ____		100
20 + 40 = ____		60
10 + 90 = ____		100
40 + 50 = ____		90
60 + 20 = ____		80
30 + 30 = ____		60
80 + 20 = ____		100
60 + 10 = ____		70
60 + 30 = ____		90
10 + 70 = ____		80
90 + 10 = ____		100

Diese Seiten dienen der Kontrolle, ob die geübten Aufgaben sicher beherrscht werden. Die Seite wird an der gestrichelten Linie nach hinten gefaltet. Das Kind rechnet die Aufgaben. Dann wird die Seite wieder aufgefaltet, um die Lösungen zu prüfen. Die Aufgaben sollen nicht mit den Fingern oder über Zählen gelöst werden. Stattdessen soll gespeichertes Wissen (z. B. »3+2=5« oder »9+2=11«) auf den höheren Zahlenraum übertragen werden.

Übungsseiten „Lerne links wie es geht – wiederhole rechts!"

Besprechen Sie mit dem Kind jeweils eine Aufgabe auf der linken Seite. Dann soll das Kind genau die gleiche Aufgabe auf der rechten Seite noch einmal selbst lösen.

Hintergrund: Grundlegende Rechenwege – wie hier die Addition zweistelliger Zahlen – sollten automatisiert werden. Dadurch werden sie mühelos und sicher. Das bewusste Denken wird nicht mehr dafür benötigt, zu überlegen, wie zwei Zahlen addiert werden und wird damit für höhere mathematische Inhalte frei.

Automatisierung kann nur erreicht werden, wenn ein bestimmter Verarbeitungsprozess sehr oft wiederholt und immer wieder in gleicher Weise ausgeführt wird. Um das Addieren von mehrstelligen Zahlen zu automatisieren, ist es deshalb wichtig, immer nach dem gleichen Ablauf vorzugehen. Wir haben uns hier für den Weg entschieden, zuerst die Zehner und dann die Einer zu addieren.

Sachaufgaben

Auch Sachaufgaben übt man am besten, indem man sie öfters wiederholt. Dadurch speichern die Kinder die unterschiedlichen sprachlichen Formulierungen und die damit zusammenhängenden Rechenwege immer besser ab, sodass sie später auch in komplexeren Zusammenhängen abgerufen werden können.

Wenn Ihr Kind sich mit einer Sachaufgabe schwertut, können Sie so vorgehen:
– Das Kind liest die Aufgabe.
– Sie erklären ganz langsam, wie die Aufgabe gelöst wird. Das Kind schreibt die erforderliche Rechnung auf ein Blatt. Wenn es damit noch überfordert ist, dürfen Sie am Anfang die Rechnung auch diktieren. Über das Wiederholen der gleichen Aufgaben wird das Kind dann allmählich immer schneller selbst den erforderlichen Rechenweg finden.
– Sie decken die Rechnung, die jetzt auf dem Blatt steht, zu.
– Das Kind liest die Aufgabe erneut.
– Es schreibt die Rechnung erneut auf ein Blatt.

Am nächsten Tag könnten Sie genau diese Aufgabe noch einmal wiederholen. Der Antwortsatz braucht nicht immer geschrieben zu werden. Es reicht, wenn das Kind ihn mündlich formuliert.

Die Balken über den Aufgaben zeigen die jeweilige Lernstufe an.

Grau	Verstehen und erstes Speichern
Grün	Speichern und Automatisieren
Blau	flexibles Anwenden

Zehner addieren

Zehner (Z) und Einer (E)

	Z	E
	2	1

	Z	E
	2	3

	Z	E
	Z	E
	Z	E
	Z	E
	Z	E
	Z	E
	Z	E
	Z	E

Zehner addieren

Zehner (Z) und Einer (E)

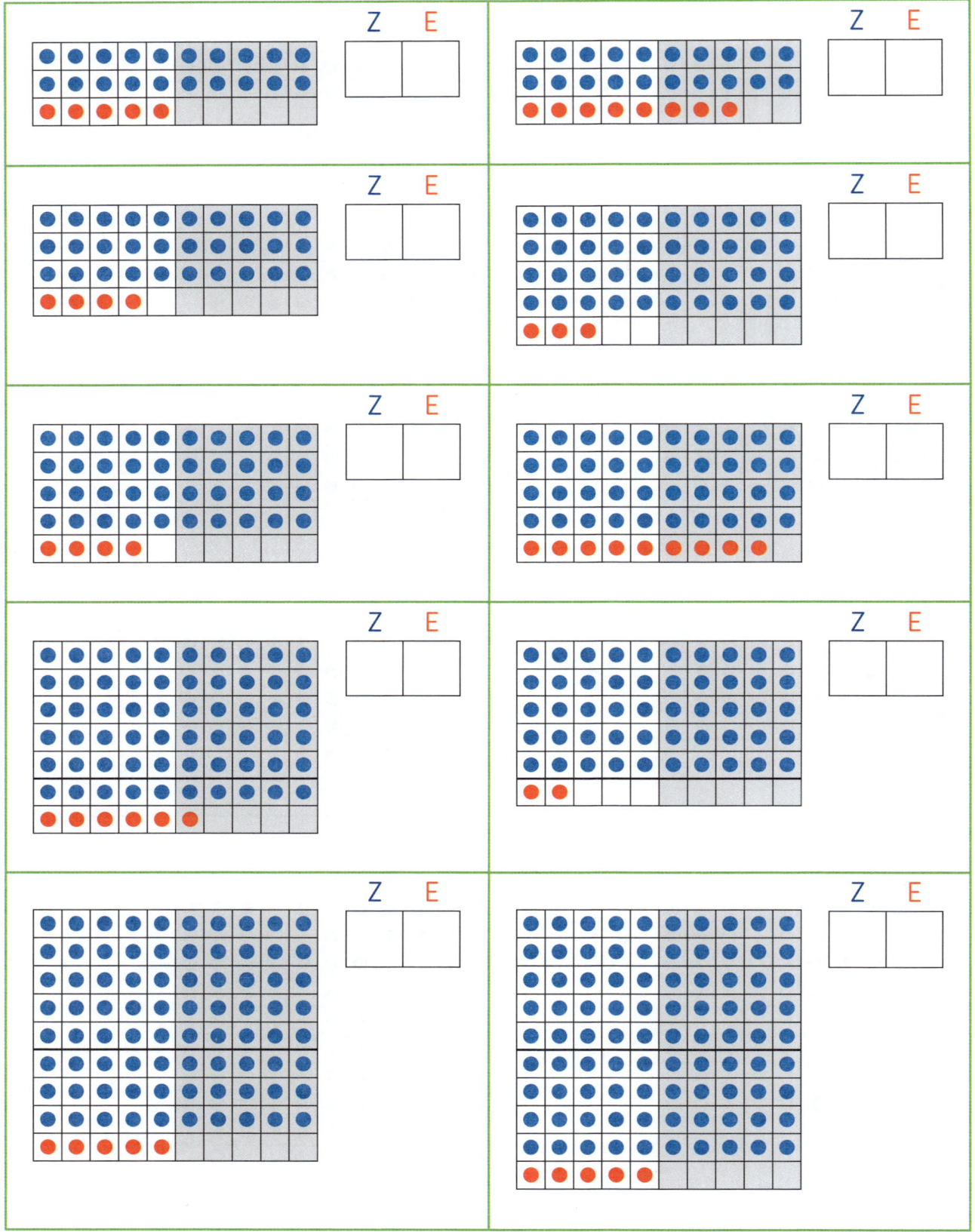

Zehner addieren

Schreibe Plusaufgaben mit Zehnern!

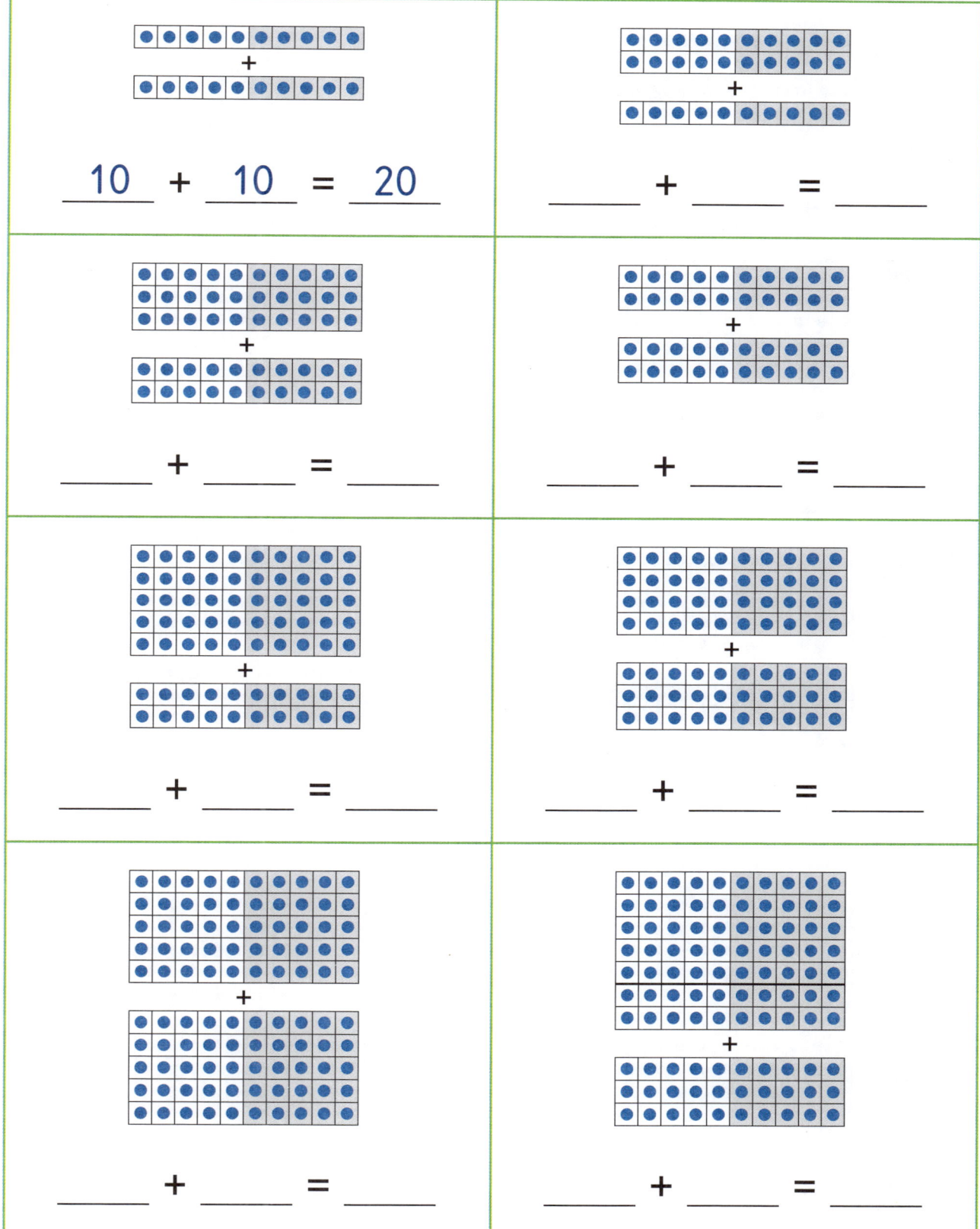

10 + 10 = 20

Zehner addieren

Schreibe Plusaufgaben mit Zehnern!

____ + ____ = ____

____ + ____ = ____

____ + ____ = ____

____ + ____ = ____

____ + ____ = ____

____ + ____ = ____

____ + ____ = ____

____ + ____ = ____

Zehner addieren

Decke die graue Spalte ab und übe!

10 + 10 =	20
20 + 10 =	30
30 + 10 =	40
40 + 10 =	50
50 + 10 =	60
60 + 10 =	70
70 + 10 =	80
80 + 10 =	90
90 + 10 =	100

20 + 10 =	30
60 + 10 =	70
30 + 10 =	40
80 + 10 =	90
50 + 10 =	60
90 + 10 =	100
70 + 10 =	80
40 + 10 =	50
80 + 10 =	90
60 + 10 =	70
90 + 10 =	100
70 + 10 =	80

Zehner addieren

Decke die graue Spalte ab und übe!

3 + 2 =	5
30 + 20 =	50
5 + 2 =	7
50 + 20 =	70
4 + 2 =	6
40 + 20 =	60
6 + 2 =	8
60 + 20 =	80
7 + 2 =	9
70 + 20 =	90
8 + 2 =	10
80 + 20 =	100

20 + 20 =	40
30 + 20 =	50
50 + 20 =	70
40 + 20 =	60
60 + 20 =	80
50 + 20 =	70
70 + 20 =	90
80 + 20 =	100
60 + 20 =	80
80 + 20 =	100
70 + 20 =	90
80 + 20 =	100

Zehner addieren

Tauschaufgaben

Schreibe unter jede Aufgabe die Tauschaufgabe!

30 + 10 = 40
10 + 30 = 40

40 + 10 = 50
___ + ___ = ___

40 + 20 = 60
___ + ___ = ___

50 + 20 = 70
___ + ___ = ___

50 + 10 = 60
___ + ___ = ___

60 + 10 = 70
___ + ___ = ___

60 + 20 = 80
___ + ___ = ___

70 + 20 = 90
___ + ___ = ___

90 + 10 = 100
___ + ___ = ___

80 + 20 = 100
___ + ___ = ___

Zehner addieren

Decke die graue Spalte ab und übe!

10 + 30 =	40
20 + 40 =	60
20 + 30 =	50
10 + 50 =	60
20 + 60 =	80
10 + 80 =	90
20 + 50 =	70
20 + 70 =	90
10 + 70 =	80
20 + 80 =	100
10 + 60 =	70
10 + 90 =	100

30 + 20 =	50
20 + 50 =	70
10 + 90 =	100
60 + 20 =	80
30 + 10 =	40
20 + 80 =	100
20 + 40 =	60
10 + 40 =	50
70 + 20 =	90
50 + 10 =	60
20 + 80 =	100
20 + 60 =	80

Zehner addieren

Decke die graue Spalte ab und übe!

3 + 3 =	6
30 + 30 =	60
4 + 3 =	7
40 + 30 =	70
5 + 3 =	8
50 + 30 =	80
6 + 3 =	9
60 + 30 =	90
7 + 3 =	10
70 + 30 =	100
50 + 30 =	80
40 + 30 =	70

40 + 30 =	70
30 + 30 =	60
60 + 30 =	90
40 + 30 =	70
50 + 30 =	80
70 + 30 =	100
50 + 30 =	80
70 + 30 =	100
60 + 30 =	90
50 + 30 =	80
70 + 30 =	100
30 + 30 =	60

Zehner addieren

Decke die graue Spalte ab und übe!

5 + 4 =	9
50 + 40 =	90
6 + 4 =	10
60 + 40 =	100
4 + 4 =	8
40 + 40 =	80
5 + 5 =	10
50 + 50 =	100
60 + 40 =	100
40 + 40 =	80
50 + 50 =	100
50 + 40 =	90

40 + 50 =	90
60 + 40 =	100
40 + 60 =	100
40 + 40 =	80
40 + 30 =	70
50 + 40 =	90
40 + 10 =	50
40 + 20 =	60
60 + 40 =	100
30 + 40 =	70
60 + 40 =	100
50 + 50 =	100

Zehner addieren

Falte – rechne – falte zurück – prüfe!

Faltlinie

50 + 50 = ____   100

30 + 20 = ____   50

10 + 50 = ____   60

70 + 30 = ____   100

20 + 40 = ____   60

10 + 90 = ____   100

40 + 50 = ____   90

60 + 20 = ____   80

30 + 30 = ____   60

80 + 20 = ____   100

60 + 10 = ____   70

60 + 30 = ____   90

10 + 70 = ____   80

90 + 10 = ____   100

Zehner addieren

Falte – rechne – falte zurück – prüfe!

Faltlinie

50 + 20 = _____   70

40 + 40 = _____   80

10 + 40 = _____   50

10 + 90 = _____   100

30 + 40 = _____   70

20 + 70 = _____   90

30 + 50 = _____   80

80 + 10 = _____   90

40 + 30 = _____   70

60 + 40 = _____   100

20 + 80 = _____   100

50 + 30 = _____   80

30 + 70 = _____   100

50 + 40 = _____   90

Sachaufgaben

a) Im See schwimmen 30 rote Fische und 20 grüne Fische. Wie viele Fische sind es insgesamt?

Rechnung: _____

Antwort: _____

b) In der Schüssel sind 40 Erdbeeren und 20 Trauben. Wie viele Früchte sind es insgesamt?

Rechnung: _____

Antwort: _____

c) In Papas Geldbeutel ist ein 20-Euro-Schein und ein 10-Euro-Schein. Wie viel Geld ist das insgesamt?

Rechnung: _____

Antwort: _____

d) In Mamas Geldbeutel ist ein 50-Euro-Schein und ein 20-Euro-Schein. Wie viel Geld ist das insgesamt?

Rechnung: _____

Antwort: _____

e) Mama kauft eine Jacke für 40 € und eine Mütze für 20 €. Wie viel Geld muss sie bezahlen?

Rechnung: _____

Antwort: _____

a) 50 b) 60 c) 30 € d) 70 € e) 60 €

Zehner addieren

Sachaufgaben

a) In der Schüssel sind 30 Erdbeeren, 30 Himbeeren und 40 Trauben. Wie viele Früchte sind es insgesamt?

Rechnung: _____

Antwort: _____

b) Yusuf hat 20 Kastanien, Hanna hat auch 20 Kastanien, und Max hat 30 Kastanien. Wie viele Kastanien haben die 3 Kinder zusammen?

Rechnung: _____

Antwort: _____

c) Auf der Weide stehen 20 Kühe, 10 Pferde und 30 Schafe. Wie viele Tiere stehen auf der Weide?

Rechnung: _____

Antwort: _____

d) In Mamas Geldbeutel ist ein 50-Euro-Schein, ein 20-Euro-Schein und ein 10-Euro-Schein. Wie viel Geld ist das insgesamt?

Rechnung: _____

Antwort: _____

e) Papa kauft eine Hose für 50 €, Socken für 10 € und ein Hemd für 30 €. Wie viel muss er bezahlen?

Rechnung: _____

Antwort: _____

a) 100   b) 70   c) 60   d) 80 €   e) 90 €

Zehner addieren

Schreibe Plusaufgaben mit Zehnern!

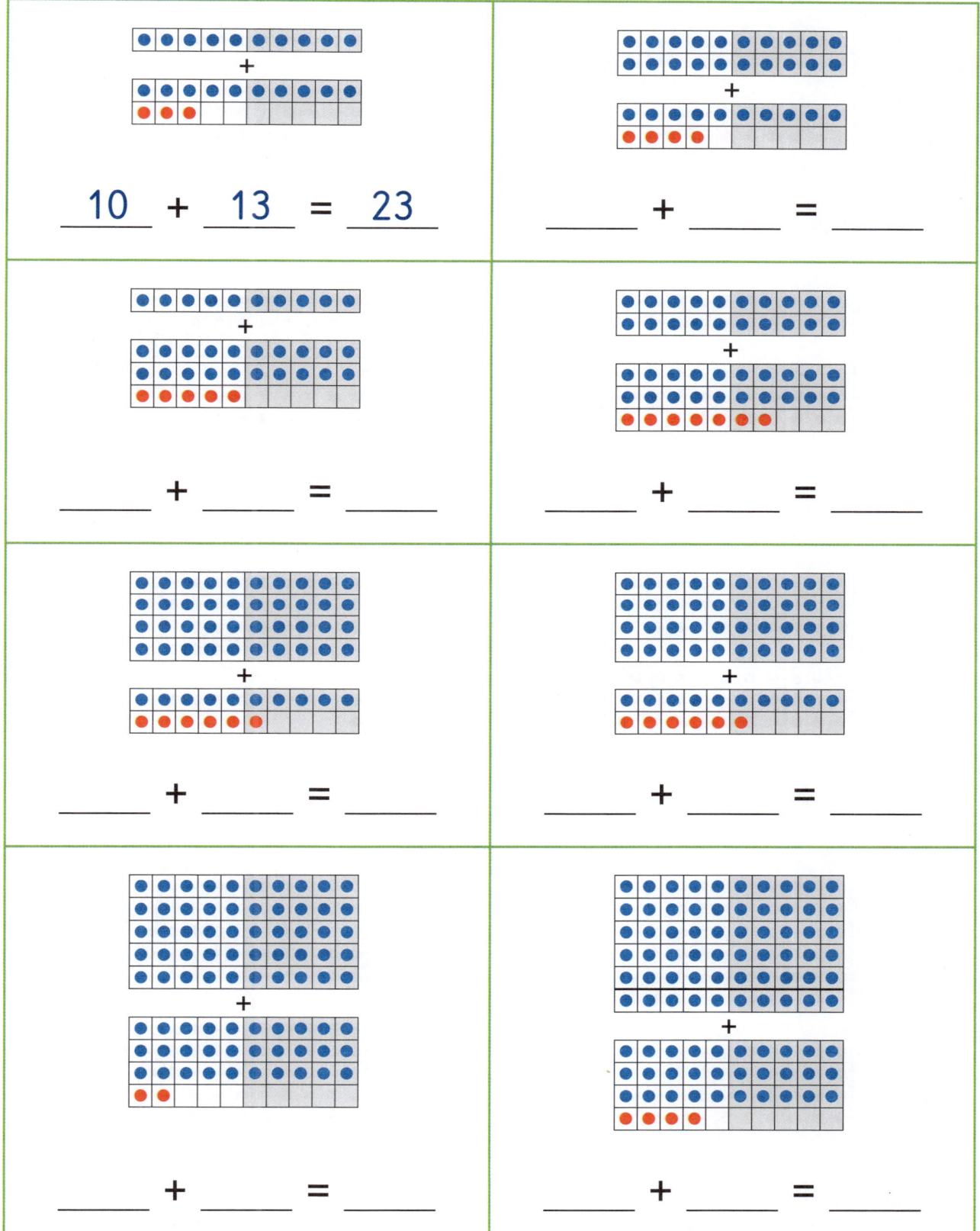

10 + 13 = 23

Zehner addieren

Schreibe Plusaufgaben mit Zehnern!

___ + ___ = ___

___ + ___ = ___

___ + ___ = ___

___ + ___ = ___

___ + ___ = ___

___ + ___ = ___

___ + ___ = ___

___ + ___ = ___

Zehner addieren

Decke die graue Spalte ab und übe!

10 + 13 =	23
13 + 10 =	23
20 + 14 =	34
20 + 17 =	37
17 + 20 =	37
30 + 24 =	54
50 + 23 =	73
23 + 50 =	73
40 + 34 =	74
35 + 40 =	75
35 + 30 =	65
39 + 40 =	79

40 + 12 =	52
40 + 16 =	56
40 + 44 =	84
30 + 45 =	75
20 + 30 =	50
24 + 30 =	54
20 + 39 =	59
60 + 27 =	87
70 + 25 =	95
70 + 28 =	98
79 + 20 =	99
65 + 30 =	95

Zehner addieren

Decke die graue Spalte ab und übe!

54 + 20 =	74
20 + 53 =	73
50 + 26 =	76
23 + 40 =	63
43 + 50 =	93
50 + 49 =	99
52 + 40 =	92
40 + 28 =	68
28 + 30 =	58
39 + 20 =	59
30 + 26 =	56
60 + 27 =	87

14 + 70 =	84
80 + 16 =	96
15 + 60 =	75
76 + 20 =	96
56 + 20 =	76
30 + 47 =	77
37 + 50 =	87
24 + 30 =	54
12 + 80 =	92
10 + 72 =	82
41 + 30 =	71
30 + 48 =	78

Zehner addieren

Falte – rechne – falte zurück – prüfe!

Faltlinie

35 + 20 = ____	55
26 + 40 = ____	66
30 + 19 = ____	49
20 + 36 = ____	56
45 + 40 = ____	85
40 + 42 = ____	82
40 + 37 = ____	77
40 + 59 = ____	99
33 + 60 = ____	93
74 + 20 = ____	94
20 + 79 = ____	99
10 + 85 = ____	95
30 + 49 = ____	79
38 + 20 = ____	58

Zehner addieren

Falte – rechne – falte zurück – prüfe!

Faltlinie

29 + 20 = _____ | 49

10 + 34 = _____ | 44

53 + 20 = _____ | 73

20 + 57 = _____ | 77

10 + 84 = _____ | 94

40 + 47 = _____ | 87

39 + 30 = _____ | 69

46 + 20 = _____ | 66

10 + 68 = _____ | 78

10 + 79 = _____ | 89

42 + 50 = _____ | 92

79 + 10 = _____ | 89

20 + 75 = _____ | 95

30 + 69 = _____ | 99

Sachaufgaben

a) In Emmas Schule gehen 40 Jungen und 45 Mädchen. Wie viele Kinder sind das insgesamt?

Rechnung: _____

Antwort: _____

b) Im Bus sitzen 20 Leute. 16 Leute steigen noch ein. Wie viele Leute sind jetzt im Bus?

Rechnung: _____

Antwort: _____

c) Elif braucht für seine Burg 57 weiße und 30 rote Legosteine. Wie viele Legosteine braucht er insgesamt?

Rechnung: _____

Antwort: _____

d) Finn hat schon 28 € gespart. Zum Geburtstag bekommt er noch 20 € geschenkt. Wie viel Geld hat er jetzt?

Rechnung: _____

Antwort: _____

e) Papa kauft Holz für 47 € und Nägel für 10 € ein. Wie viel muss er bezahlen?

Rechnung: _____

Antwort: _____

a) 85 b) 36 c) 87 d) 48 € e) 57 €

Sachaufgaben

a) Lina hat ein Haus aus 20 roten, 30 blauen und 14 gelben Legosteinen gebaut. Aus wie vielen Legosteinen ist das Haus gebaut?

Rechnung: _____

Antwort: _____

b) In Klasse 2a gehen 23 Kinder, in die Klassen 2b und 2c gehen jeweils 20 Kinder. Wie viele Kinder gehen insgesamt in die 2. Klasse?

Rechnung: _____

Antwort: _____

c) In der Kiste sind 27 kurze Nägel, 30 mittellange Nägel und 20 lange Nägel. Wie viele Nägel sind es insgesamt?

Rechnung: _____

Antwort: _____

d) Mama kauft Bretter für 49 €, einen Hammer für 20 € und eine kleine Säge für 30 € ein. Wie viel muss sie bezahlen?

Rechnung: _____

Antwort: _____

e) In Omas Nähkasten sind 20 braune, 20 schwarze und 27 weiße Knöpfe. Wie viele Knöpfe sind es insgesamt?

Rechnung: _____

Antwort: _____

a) 64 b) 63 c) 77 d) 99 € e) 67

Zehner und Einer addieren

Decke die graue Spalte ab und übe!

12	1 Zehner, 2 Einer
13	1 Zehner, 3 Einer
14	1 Zehner, 4 Einer
15	1 Zehner, 5 Einer
23	2 Zehner, 3 Einer
24	2 Zehner, 4 Einer
25	2 Zehner, 5 Einer
27	2 Zehner, 7 Einer
32	3 Zehner, 2 Einer
35	3 Zehner, 5 Einer
42	4 Zehner, 2 Einer
46	4 Zehner, 6 Einer
71	7 Zehner, 1 Einer
99	9 Zehner, 9 Einer

Zehner und Einer addieren

Decke die graue Spalte ab und übe!

12	10 + 2
13	10 + 3
14	10 + 4
15	10 + 5
23	20 + 3
24	20 + 4
25	20 + 5
27	20 + 7
32	30 + 2
35	30 + 5
42	40 + 2
46	40 + 6
71	70 + 1
99	90 + 9

Zehner und Einer addieren

Lerne links, wie es geht – wiederhole rechts!

Lernen   Wiederholen

24 + 12 =   24 + 12 =

Zehner addieren: 24 + 10 = 34   24 + __ = __
Einer addieren: 34 + 2 = 36   __ + __ = __

24 + 14 =   24 + 14 =

Zehner addieren: 24 + 10 = 34   24 + __ = __
Einer addieren: 34 + 4 = 38   __ + __ = __

34 + 14 =   34 + 14 =

Zehner addieren: 34 + 10 = 44   34 + __ = __
Einer addieren: 44 + 4 = 48   __ + __ = __

35 + 12 =   35 + 12 =

Zehner addieren: 35 + 10 = 45   35 + __ = __
Einer addieren: 45 + 2 = 47   __ + __ = __

Zehner und Einer addieren

Lerne links, wie es geht – wiederhole rechts!

Lernen | Wiederholen

21 + 23 =

Zehner addieren: 21 + 20 = 41
Einer addieren: 41 + 3 = 44

21 + 23 =

21 + ___ = ___
___ + ___ = ___

---

21 + 24 =

Zehner addieren: 21 + 20 = 41
Einer addieren: 41 + 4 = 45

21 + 24 =

21 + ___ = ___
___ + ___ = ___

---

21 + 25 =

Zehner addieren: 21 + 20 = 41
Einer addieren: 41 + 5 = 46

21 + 25 =

21 + ___ = ___
___ + ___ = ___

---

21 + 27 =

Zehner addieren: 21 + 20 = 41
Einer addieren: 41 + 7 = 48

21 + 27 =

21 + ___ = ___
___ + ___ = ___

Zehner und Einer addieren

Falte – rechne – falte zurück – prüfe!

Faltlinie

25 + 12 = ___
___ + ___ = ___
___ + ___ = ___

25 + 12 = 37
25 + 10 = 35
35 + 2 = 37

26 + 13 = ___
___ + ___ = ___
___ + ___ = ___

26 + 13 = 39
26 + 10 = 36
36 + 3 = 39

36 + 13 = ___
___ + ___ = ___
___ + ___ = ___

36 + 13 = 49
36 + 10 = 46
46 + 3 = 49

57 + 12 = ___
___ + ___ = ___
___ + ___ = ___

57 + 12 = 69
57 + 10 = 67
67 + 2 = 69

48 + 12 = ___
___ + ___ = ___
___ + ___ = ___

48 + 12 = 60
48 + 10 = 58
58 + 2 = 60

Zehner und Einer addieren

Falte – rechne – falte zurück – prüfe!

Faltlinie

32 + 14 = ___
___ + ___ = ___
___ + ___ = ___

32 + 14 = 46
32 + 10 = 42
42 + 4 = 46

36 + 14 = ___
___ + ___ = ___
___ + ___ = ___

36 + 14 = 50
36 + 10 = 46
46 + 4 = 50

83 + 15 = ___
___ + ___ = ___
___ + ___ = ___

83 + 15 = 98
83 + 10 = 93
93 + 5 = 98

62 + 16 = ___
___ + ___ = ___
___ + ___ = ___

62 + 16 = 78
62 + 10 = 72
72 + 6 = 78

54 + 16 = ___
___ + ___ = ___
___ + ___ = ___

54 + 16 = 70
54 + 10 = 64
64 + 6 = 70

Zehner und Einer addieren

Falte – rechne – falte zurück – prüfe!

Faltlinie

63 + 15 = ___

___ + ___ = ___
___ + ___ = ___

63 + 15 = 78

63 + 10 = 73
73 + 5 = 78

78 + 12 = ___

___ + ___ = ___
___ + ___ = ___

78 + 12 = 90

78 + 10 = 88
88 + 2 = 90

47 + 13 = ___

___ + ___ = ___
___ + ___ = ___

47 + 13 = 60

47 + 10 = 57
57 + 3 = 60

34 + 15 = ___

___ + ___ = ___
___ + ___ = ___

34 + 15 = 49

34 + 10 = 44
44 + 5 = 49

73 + 14 = ___

___ + ___ = ___
___ + ___ = ___

73 + 14 = 87

73 + 10 = 83
83 + 4 = 87

Zehner und Einer addieren

Falte – rechne – falte zurück – prüfe!

Faltlinie

53 + 14 = ___
___ + ___ = ___
___ + ___ = ___

53 + 14 = 67
53 + 10 = 63
63 + 4 = 67

67 + 12 = ___
___ + ___ = ___
___ + ___ = ___

67 + 12 = 79
67 + 10 = 77
77 + 2 = 79

84 + 15 = ___
___ + ___ = ___
___ + ___ = ___

84 + 15 = 99
84 + 10 = 94
94 + 5 = 99

72 + 17 = ___
___ + ___ = ___
___ + ___ = ___

72 + 17 = 89
72 + 10 = 82
82 + 7 = 89

87 + 13 = ___
___ + ___ = ___
___ + ___ = ___

87 + 13 = 100
87 + 10 = 97
97 + 3 = 100

Zehner und Einer addieren

Falte – rechne – falte zurück – prüfe!

Faltlinie

24 + 12 = _____ | 36

25 + 12 = _____ | 37

32 + 12 = _____ | 44

48 + 12 = _____ | 60

23 + 13 = _____ | 36

77 + 13 = _____ | 90

64 + 12 = _____ | 76

67 + 13 = _____ | 80

72 + 13 = _____ | 85

78 + 12 = _____ | 90

82 + 13 = _____ | 95

87 + 13 = _____ | 100

Zehner und Einer addieren

Falte – rechne – falte zurück – prüfe!

Faltlinie

32 + 15 = ____ | 47

35 + 14 = ____ | 49

43 + 16 = ____ | 59

52 + 18 = ____ | 70

45 + 13 = ____ | 58

53 + 15 = ____ | 68

66 + 14 = ____ | 80

52 + 17 = ____ | 69

41 + 19 = ____ | 60

34 + 15 = ____ | 49

71 + 19 = ____ | 90

62 + 16 = ____ | 78

Zehner und Einer addieren

Falte – rechne – falte zurück – prüfe!

Faltlinie

34 + 22 = ___
___ + ___ = ___
___ + ___ = ___

34 + 22 = 56
34 + 20 = 54
54 + 2 = 56

26 + 32 = ___
___ + ___ = ___
___ + ___ = ___

26 + 32 = 58
26 + 30 = 56
56 + 2 = 58

45 + 32 = ___
___ + ___ = ___
___ + ___ = ___

45 + 32 = 77
45 + 30 = 75
75 + 2 = 77

36 + 42 = ___
___ + ___ = ___
___ + ___ = ___

36 + 42 = 78
36 + 40 = 76
76 + 2 = 78

47 + 23 = ___
___ + ___ = ___
___ + ___ = ___

47 + 23 = 70
47 + 20 = 67
67 + 3 = 70

Zehner und Einer addieren

Falte – rechne – falte zurück – prüfe!

Faltlinie

25 + 43 = ___
___ + ___ = ___
___ + ___ = ___

25 + 43 = 68
25 + 40 = 65
65 + 3 = 68

42 + 53 = ___
___ + ___ = ___
___ + ___ = ___

42 + 53 = 95
42 + 50 = 92
92 + 3 = 95

56 + 32 = ___
___ + ___ = ___
___ + ___ = ___

56 + 32 = 88
56 + 30 = 86
86 + 2 = 88

57 + 42 = ___
___ + ___ = ___
___ + ___ = ___

57 + 42 = 99
57 + 40 = 97
97 + 2 = 99

45 + 53 = ___
___ + ___ = ___
___ + ___ = ___

45 + 53 = 98
45 + 50 = 95
95 + 3 = 98

Zehner und Einer addieren

Falte – rechne – falte zurück – prüfe!

Faltlinie

73 + 24 = ___
___ + ___ = ___
___ + ___ = ___

73 + 24 = 97
73 + 20 = 93
93 + 4 = 97

44 + 35 = ___
___ + ___ = ___
___ + ___ = ___

44 + 35 = 79
44 + 30 = 74
74 + 5 = 79

64 + 24 = ___
___ + ___ = ___
___ + ___ = ___

64 + 24 = 88
64 + 20 = 84
84 + 4 = 88

45 + 53 = ___
___ + ___ = ___
___ + ___ = ___

45 + 53 = 98
45 + 50 = 95
95 + 3 = 98

55 + 45 = ___
___ + ___ = ___
___ + ___ = ___

55 + 45 = 100
55 + 40 = 95
95 + 5 = 100

Zehner und Einer addieren

Falte – rechne – falte zurück – prüfe!

Faltlinie

35 + 44 = ___
___ + ___ = ___
___ + ___ = ___

35 + 44 = 79
35 + 40 = 75
75 + 4 = 79

76 + 24 = ___
___ + ___ = ___
___ + ___ = ___

76 + 24 = 100
76 + 20 = 96
96 + 4 = 100

53 + 36 = ___
___ + ___ = ___
___ + ___ = ___

53 + 36 = 89
53 + 30 = 83
83 + 6 = 89

45 + 54 = ___
___ + ___ = ___
___ + ___ = ___

45 + 54 = 99
45 + 50 = 95
95 + 4 = 99

23 + 54 = ___
___ + ___ = ___
___ + ___ = ___

23 + 54 = 77
23 + 50 = 73
73 + 4 = 77

Zehner und Einer addieren

Falte – rechne – falte zurück – prüfe!

Faltlinie

21 + 34 = ____	55
21 + 38 = ____	59
34 + 34 = ____	68
35 + 32 = ____	67
45 + 34 = ____	79
47 + 33 = ____	80
27 + 33 = ____	60
53 + 32 = ____	85
51 + 38 = ____	89
57 + 33 = ____	90
67 + 33 = ____	100
64 + 34 = ____	98

Zehner und Einer addieren

Falte – rechne – falte zurück – prüfe!

Faltlinie

44 + 43 = ____	87
43 + 45 = ____	88
42 + 53 = ____	95
42 + 58 = ____	100
54 + 35 = ____	89
55 + 45 = ____	100
54 + 43 = ____	97
65 + 35 = ____	100
62 + 37 = ____	99
64 + 26 = ____	90
75 + 24 = ____	99
72 + 26 = ____	98

Zehner und Einer addieren

Falte – rechne – falte zurück – prüfe!

Faltlinie

49 + 12 = ___
___ + ___ = ___
___ + ___ = ___

49 + 12 = 61
49 + 10 = 59
59 + 2 = 61

59 + 13 = ___
___ + ___ = ___
___ + ___ = ___

59 + 13 = 72
59 + 10 = 69
69 + 3 = 72

39 + 14 = ___
___ + ___ = ___
___ + ___ = ___

39 + 14 = 53
39 + 10 = 49
49 + 4 = 53

59 + 13 = ___
___ + ___ = ___
___ + ___ = ___

59 + 13 = 72
59 + 10 = 69
69 + 3 = 72

69 + 14 = ___
___ + ___ = ___
___ + ___ = ___

69 + 14 = 83
69 + 10 = 79
79 + 4 = 83

Zehner und Einer addieren

Falte – rechne – falte zurück – prüfe!

Faltlinie

29 + 15 = ___
___ + ___ = ___
___ + ___ = ___

29 + 15 = 44
29 + 10 = 39
39 + 5 = 44

49 + 16 = ___
___ + ___ = ___
___ + ___ = ___

49 + 16 = 65
49 + 10 = 59
59 + 6 = 65

69 + 17 = ___
___ + ___ = ___
___ + ___ = ___

69 + 17 = 86
69 + 10 = 79
79 + 7 = 86

59 + 18 = ___
___ + ___ = ___
___ + ___ = ___

59 + 18 = 77
59 + 10 = 69
69 + 8 = 77

79 + 19 = ___
___ + ___ = ___
___ + ___ = ___

79 + 19 = 98
79 + 10 = 89
89 + 9 = 98

Zehner und Einer addieren

Falte – rechne – falte zurück – prüfe!

Faltlinie

29 + 23 = ___		29 + 23 = 52
___ + ___ = ___		29 + 20 = 49
___ + ___ = ___		49 + 3 = 52

29 + 34 = ___		29 + 34 = 63
___ + ___ = ___		29 + 30 = 59
___ + ___ = ___		59 + 4 = 63

39 + 43 = ___		39 + 43 = 82
___ + ___ = ___		39 + 40 = 79
___ + ___ = ___		79 + 3 = 82

39 + 52 = ___		39 + 52 = 91
___ + ___ = ___		39 + 50 = 89
___ + ___ = ___		89 + 2 = 91

69 + 24 = ___		69 + 24 = 93
___ + ___ = ___		69 + 20 = 89
___ + ___ = ___		89 + 4 = 93

Zehner und Einer addieren

Falte – rechne – falte zurück – prüfe!

Faltlinie

59 + 35 = ___
___ + ___ = ___
___ + ___ = ___

59 + 35 = 94
59 + 30 = 89
89 + 5 = 94

49 + 27 = ___
___ + ___ = ___
___ + ___ = ___

49 + 27 = 76
49 + 20 = 69
69 + 7 = 76

39 + 49 = ___
___ + ___ = ___
___ + ___ = ___

39 + 49 = 88
39 + 40 = 79
79 + 9 = 88

69 + 28 = ___
___ + ___ = ___
___ + ___ = ___

69 + 28 = 97
69 + 20 = 89
89 + 8 = 97

59 + 28 = ___
___ + ___ = ___
___ + ___ = ___

59 + 28 = 87
59 + 20 = 79
79 + 8 = 87

Falte – rechne – falte zurück – prüfe!

Zehner und Einer addieren

Faltlinie

29 + 35 = _____ | 64

39 + 24 = _____ | 63

39 + 25 = _____ | 64

49 + 44 = _____ | 93

59 + 36 = _____ | 95

69 + 27 = _____ | 96

79 + 16 = _____ | 95

29 + 27 = _____ | 56

49 + 38 = _____ | 87

39 + 28 = _____ | 67

49 + 37 = _____ | 86

69 + 29 = _____ | 98

Zehner und Einer addieren

Falte – rechne – falte zurück – prüfe!

Faltlinie

68 + 23 = _____   91

48 + 33 = _____   81

58 + 24 = _____   82

48 + 35 = _____   83

38 + 55 = _____   93

28 + 26 = _____   54

78 + 16 = _____   94

48 + 27 = _____   75

58 + 27 = _____   85

28 + 28 = _____   56

58 + 29 = _____   87

38 + 59 = _____   97

Falte – rechne – falte zurück – prüfe!

Faltlinie

27 + 14 = _____	41
47 + 34 = _____	81
57 + 25 = _____	82
67 + 16 = _____	83
27 + 45 = _____	72
27 + 37 = _____	64
57 + 36 = _____	93
37 + 47 = _____	84
77 + 18 = _____	95
47 + 28 = _____	75
57 + 29 = _____	86
37 + 48 = _____	85

Zehner und Einer addieren

Falte – rechne – falte zurück – prüfe!

Faltlinie

76 + 15 = ____	91
26 + 45 = ____	71
36 + 26 = ____	62
56 + 26 = ____	82
86 + 14 = ____	100
46 + 17 = ____	63
66 + 27 = ____	93
76 + 18 = ____	94
56 + 28 = ____	84
36 + 34 = ____	70
36 + 29 = ____	65
66 + 29 = ____	95

Zehner und Einer addieren

Falte – rechne – falte zurück – prüfe!

Faltlinie

35 + 46 = _____ | 81

45 + 55 = _____ | 100

75 + 16 = _____ | 91

35 + 37 = _____ | 72

45 + 47 = _____ | 92

25 + 28 = _____ | 53

65 + 28 = _____ | 93

55 + 27 = _____ | 82

65 + 35 = _____ | 100

25 + 39 = _____ | 64

65 + 29 = _____ | 94

25 + 48 = _____ | 73

Zehner und Einer addieren

Falte – rechne – falte zurück – prüfe!

Faltlinie

24 + 27 = _____ | 51

43 + 17 = _____ | 60

34 + 38 = _____ | 72

53 + 28 = _____ | 81

72 + 19 = _____ | 91

54 + 39 = _____ | 93

23 + 19 = _____ | 42

64 + 27 = _____ | 91

34 + 36 = _____ | 70

53 + 18 = _____ | 71

24 + 28 = _____ | 52

72 + 28 = _____ | 100

Zehner und Einer addieren

Falte – rechne – falte zurück – prüfe!

Faltlinie

36 + 43 = _____	79
36 + 44 = _____	80
36 + 46 = _____	82
47 + 22 = _____	69
47 + 24 = _____	71
62 + 25 = _____	87
62 + 29 = _____	91
62 + 28 = _____	90
54 + 33 = _____	87
54 + 38 = _____	92
25 + 44 = _____	69
25 + 47 = _____	72

Zehner und Einer addieren

Falte – rechne – falte zurück – prüfe!

Faltlinie

28 + 32 = _____ 60

28 + 34 = _____ 62

78 + 12 = _____ 90

78 + 14 = _____ 92

46 + 33 = _____ 79

46 + 36 = _____ 82

32 + 47 = _____ 79

32 + 49 = _____ 81

65 + 26 = _____ 91

64 + 28 = _____ 92

56 + 35 = _____ 91

56 + 38 = _____ 94

Sachaufgaben

a) Im Teich schwimmen 24 rote und 13 weiße Fische. Wie viele Fische sind es insgesamt?

Rechnung: _____

Antwort: _____

b) Bäcker Müller hat heute 24 Roggenbrote und 37 Weizenbrote verkauft. Wie viele Brote hat er insgesamt verkauft?

Rechnung: _____

Antwort: _____

c) In einer Kiste sind 29 Birnen und 47 Äpfel. Wie viele Früchte sind in der Kiste?

Rechnung: _____

Antwort: _____

d) Im Bus sitzen 26 Leute. 19 Leute steigen noch ein. Wie viele Leute sind jetzt im Bus?

Rechnung: _____

Antwort: _____

e) Miriam macht eine Kette aus 17 roten und 34 blauen Perlen. Wie viele Perlen sind es insgesamt?

Rechnung: _____

Antwort: _____

a) 37 b) 61 c) 76 d) 45 e) 51

Zehner und Einer addieren

Sachaufgaben

a) Auf der Wiese stehen 27 Kühe und 13 Pferde. Wie viele Tiere sind es insgesamt?

Rechnung: _____

Antwort: _____

b) Marlon hat 28 Fußballbilder, Sofie hat auch 28 Fußballbilder. Wie viele Fußballbilder haben beide zusammen?

Rechnung: _____

Antwort: _____

c) Opa kauft zwei Bücher. Das eine kostet 15 €, das andere 27 €. Wie viel muss er bezahlen?

Rechnung: _____

Antwort: _____

d) Oma hat heute beim Bäcker 17 € und im Obstgeschäft 14 € ausgegeben. Wie viel musste sie insgesamt bezahlen?

Rechnung: _____

Antwort: _____

e) Ali hat heute 26 Walnüsse und 35 Haselnüsse gefunden. Wie viele Nüsse hat er insgesamt gefunden?

Rechnung: _____

Antwort: _____

a) 40 b) 56 c) 42 € d) 31 € e) 61

Sachaufgaben

a) Jochen hat 25 Kastanien, Emma hat 29 Kastanien und Karl hat 17 Kastanien. Wie viele Kastanien haben die 3 Kinder zusammen?

Rechnung: _____

Antwort: _____

b) In der Kiste sind 23 grüne, 17 gelbe und 35 rote Legosteine. Wie viele Legosteine sind es insgesamt?

Rechnung: _____

Antwort: _____

c) In Klasse 2a sind 19 Kinder, in Klasse 2b sind 24 Kinder, in Klasse 2c sind 21 Kinder. Wie viele Kinder gehen insgesamt in die 2. Klasse?

Rechnung: _____

Antwort: _____

d) In der Bäckerei sind noch 15 Roggenbrötchen, 13 Laugenbrötchen und 24 helle Brötchen übrig. Wie viele Brötchen sind es insgesamt?

Rechnung: _____

Antwort: _____

e) Papa pflückt 25 Erdbeeren, Ahmed pflückt 26 Erdbeeren und Mama pflückt 27 Erdbeeren. Wie viele Erdbeeren sind es insgesamt?

Rechnung: _____

Antwort: _____

a) 71 b) 75 c) 64 d) 52 e) 78

Zehner und Einer addieren

Sachaufgaben

a) Frau Braun kauft Stoff für 35 €, einen Reißverschluss für 17 € und eine Schere für 12 €. Wie viel muss sie bezahlen?

Rechnung: _____

Antwort: _____

b) Bäcker Schulz kauft Roggenmehl für 45 €, Weizenmehl für 34 € und Eier für 21 €. Was gibt er insgesamt aus?

Rechnung: _____

Antwort: _____

c) Bäcker Schulz hat heute Brötchen für 29 €, Brote für 52 € und Brezeln für 17 € verkauft. Wie viel Geld hat er eingenommen?

Rechnung: _____

Antwort: _____

d) Herr Anton kauft ein Buch für 13 €, ein Buch für 18 € und ein Buch für 7 €. Wie viel muss er bezahlen?

Rechnung: _____

Antwort: _____

e) Papa hat im Supermarkt 46 €, beim Bäcker 12 € und im Obstgeschäft 16 € ausgegeben. Wie viel musste er insgesamt bezahlen?

Rechnung: _____

Antwort: _____

a) 64 € b) 100 € c) 98 € d) 38 € e) 74 €

Zehner und Einer addieren

Zahlenmauern 1

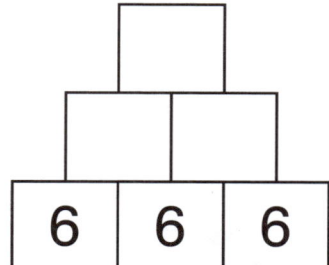 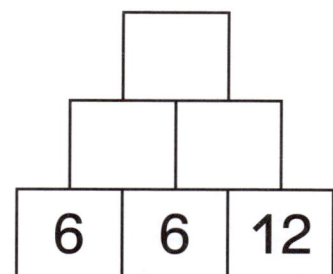 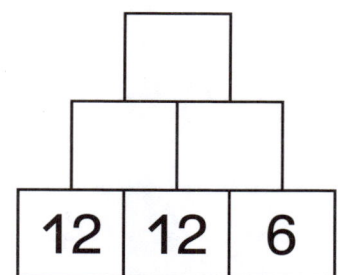

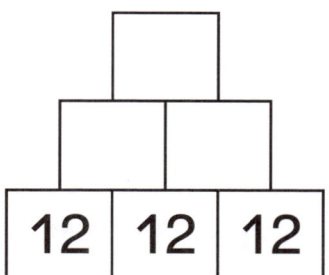 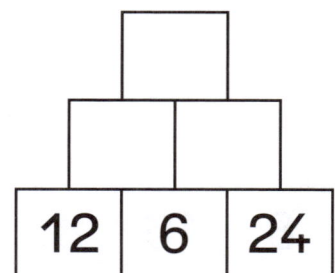 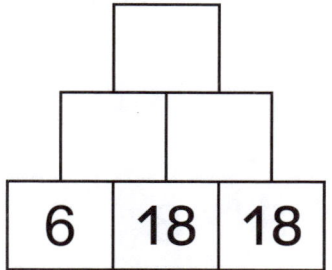

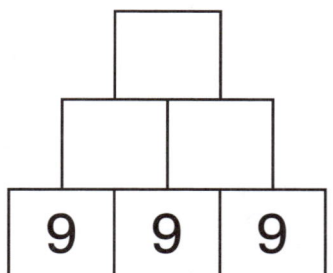 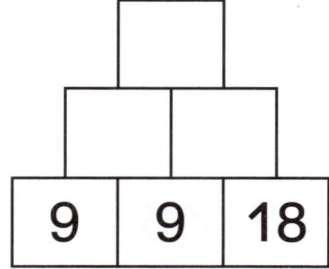 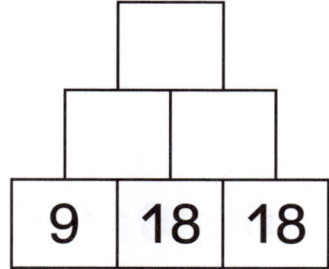

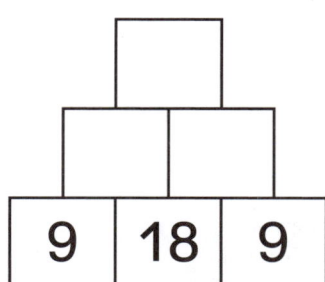 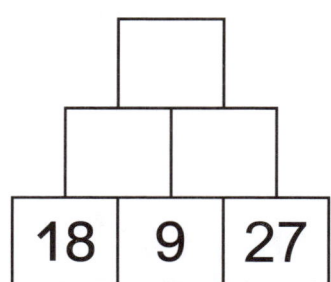 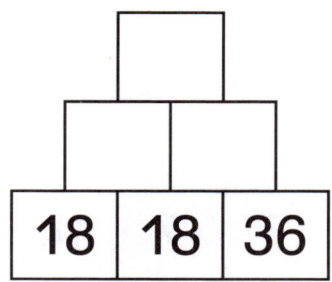

Zehner und Einer addieren

Zahlenmauern 2

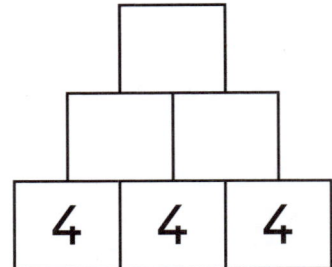
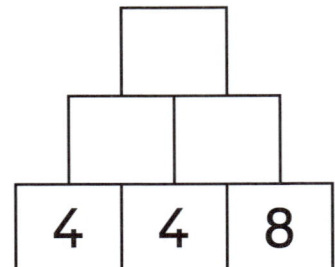
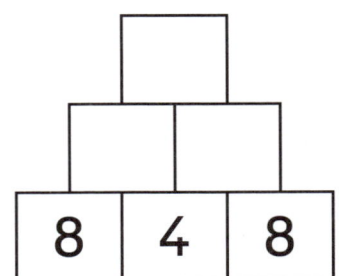
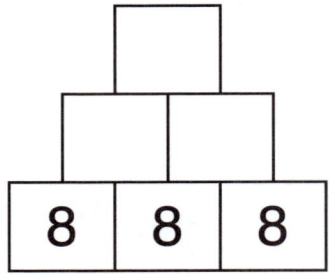
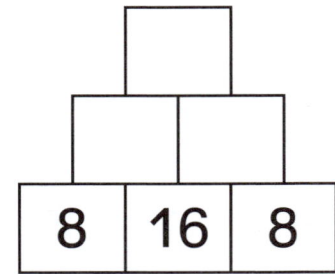
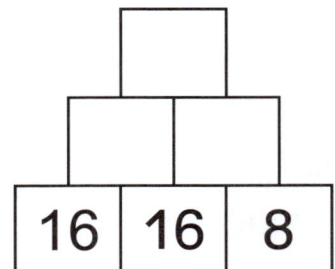
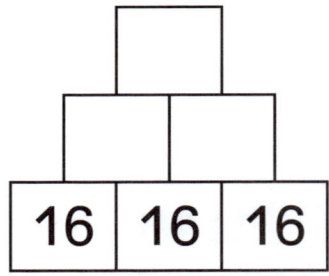
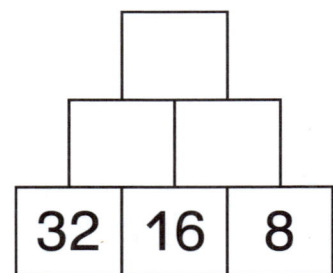
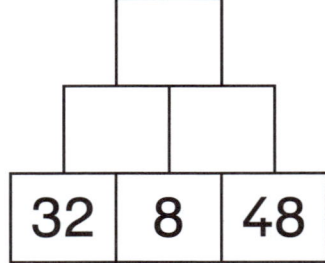
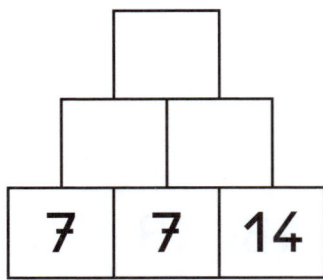
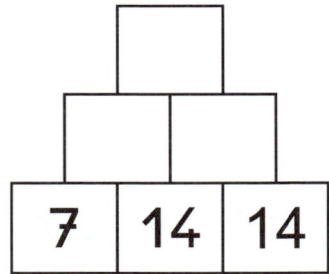
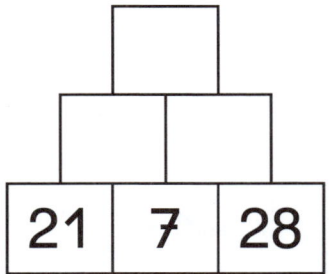

Zahlenmauern 3

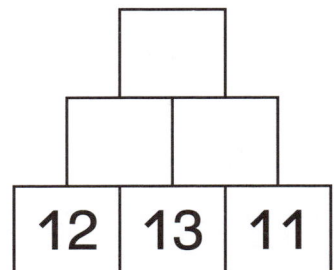
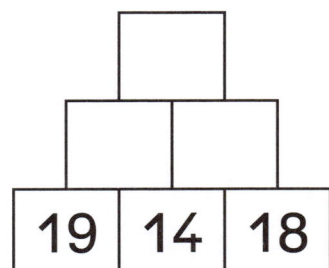
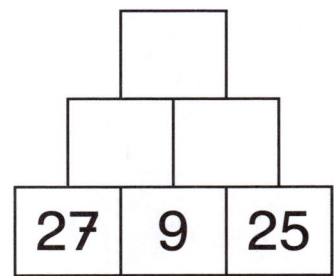

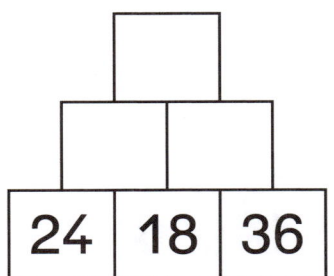
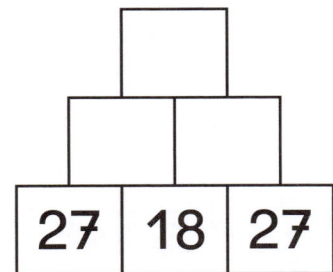
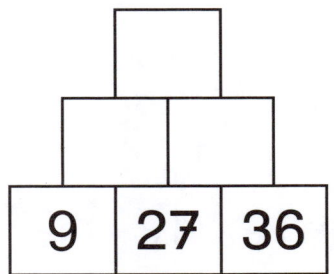

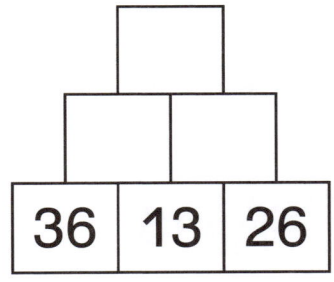
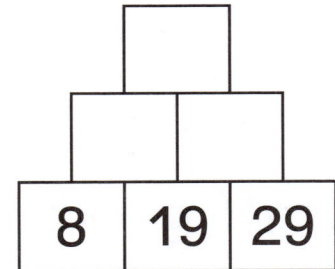

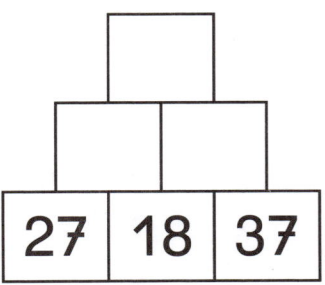
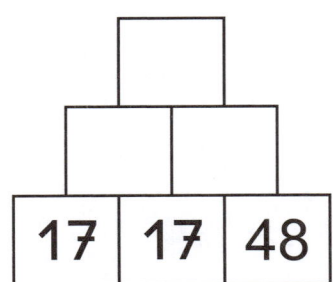
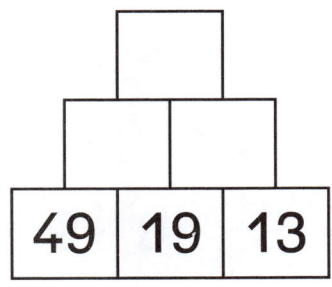

Zehner und Einer addieren

Lösungen Zahlenmauern 1

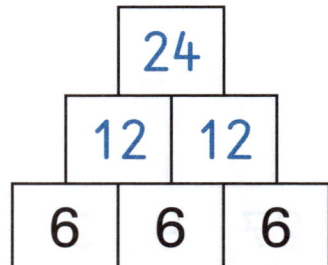
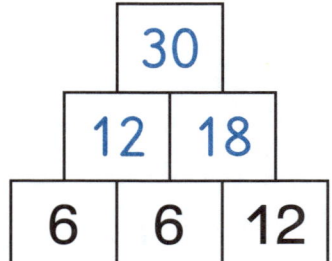
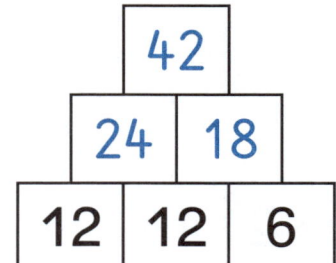
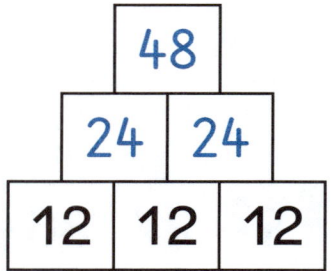
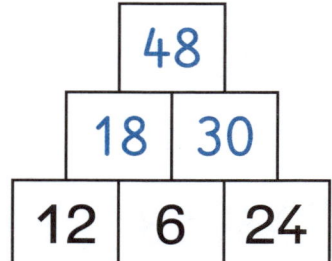
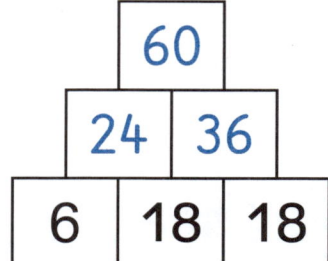
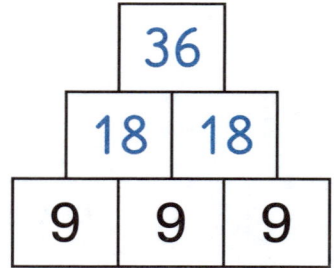
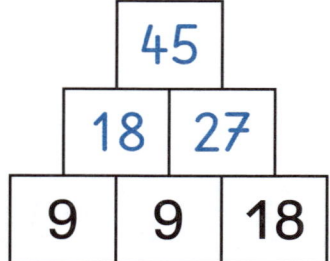
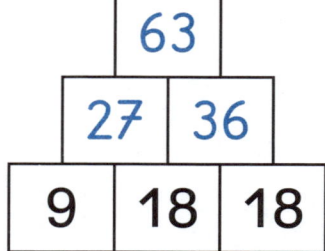
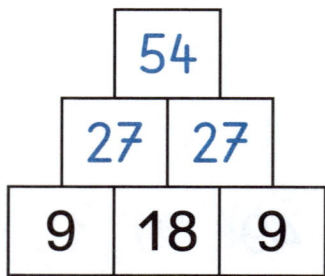
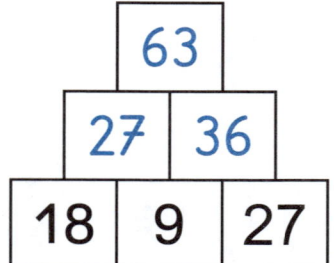
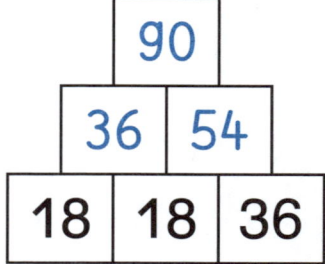

Lösungen Zahlenmauern 2

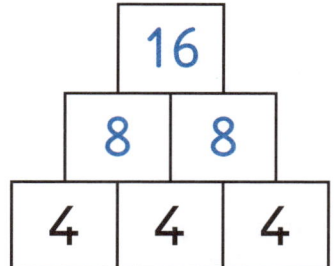
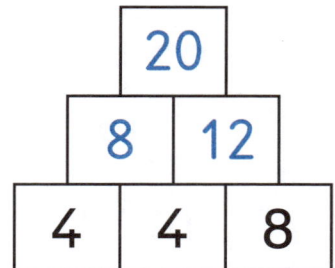
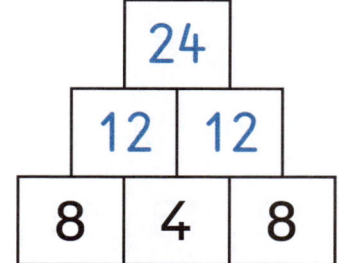

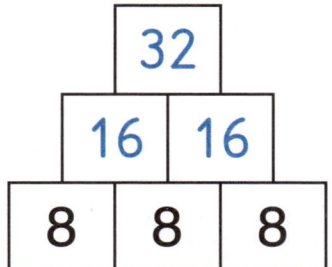
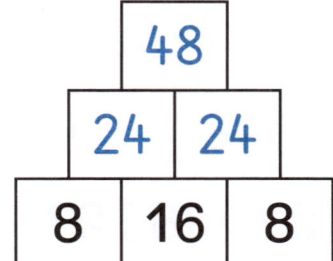
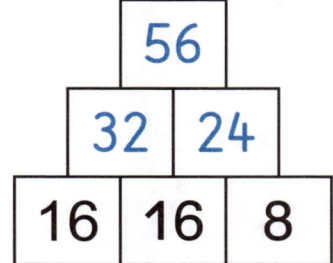

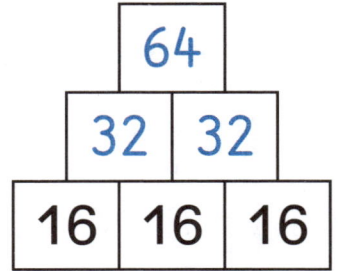
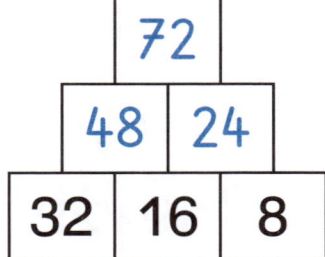
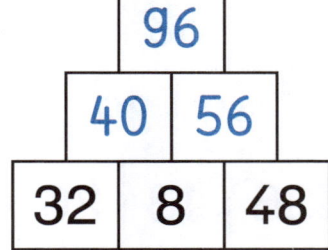

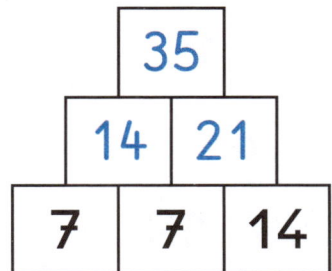
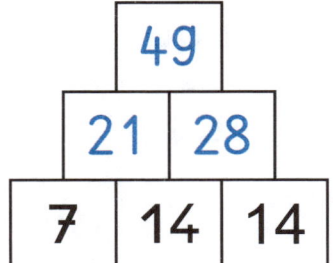
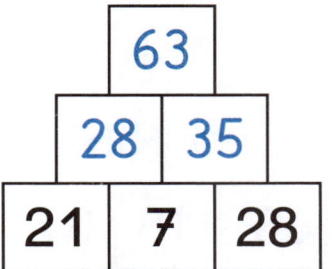

Zehner und Einer addieren

Lösungen Zahlenmauern 3

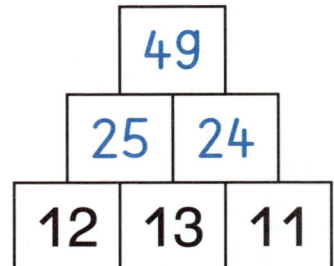
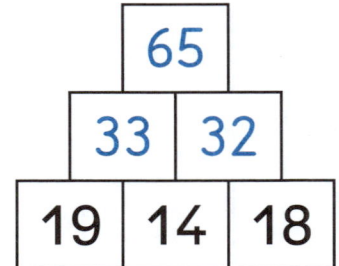
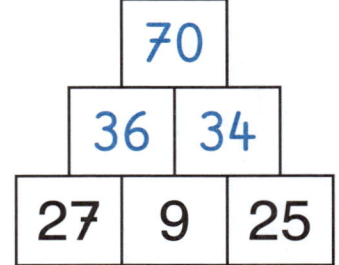
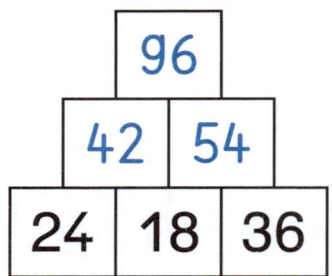
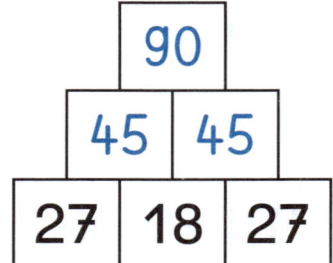
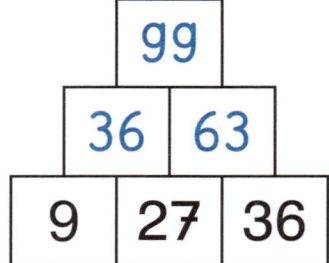
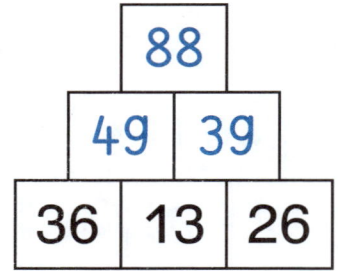
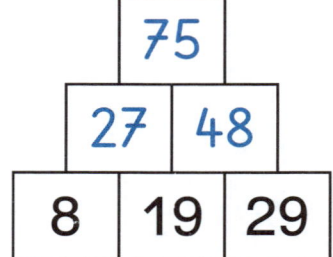
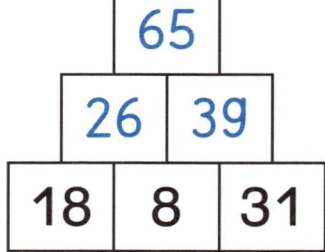
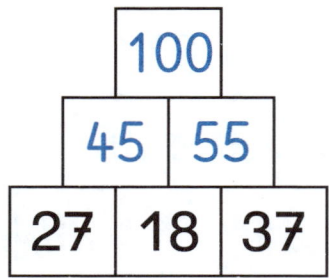
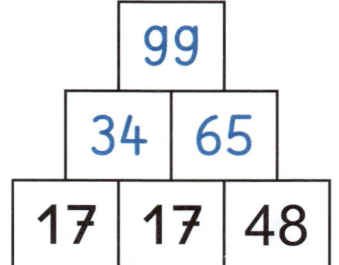
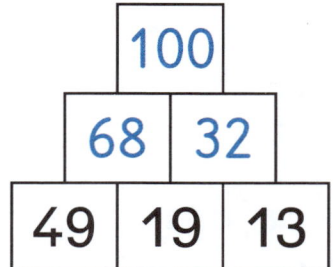